AF262135

HAUTE-COUR DE JUSTICE.

EXTRAIT
DU JUGEMENT

rendu

PAR LA HAUTE-COUR DE JUSTICE,

SEANTE A VENDOME.

DEPARTEMENT DE LOIR ET CHER,

Qui, sur la déclaration du Haut-Jury,

Condamne Gracchus Babeuf, *et* Augustin-Alexandre Darthé *à la peine de mort.*

Philippe Buonarotti, Charles-Antoine-Guillaume Germain ; Juste Moroy, Jean-Baptiste Cazin, Louis-Jacques Blondeau....... Bouin et....... Menessier, *ces deux derniers contumax à la peine de la déportation.*

Acquitte de l'accusation Jean Baptiste Didier, Charles-Nicolas Pillé ; Guillaume-Gilles-Anne Massart, Jean-Joseph Fion, Nicolas Morel, Jean-Baptiste Goulart, Théodore Lamberté, Joseph-François Laignelot, Jean - François Ricord, André Amar, Marc-Guillaume-Alexis Vadier, Lambert Clerx, François Dufour, Antoine Fiquet, Pierre Philip, Policarpe Pottofeux,

A

Jean-Pierre Lambert, Maurice Duplay, Jacques
Maurice Duplay, Pierre-Joseph Crespin, Pierre-
Nicolas Vergne, Jacques Cordas, Pierre-Antoine
Antonelle, Jean-Antoine Mugnier, Jean-Charles
Drouin, Nicole Pognon femme de Jean Martin,
Jean-Baptiste Breton, Jeanne Ansiot femme dudit
Breton, Marie-Louise Aubin, veuve de Joseph
Mounard, François Thierry, Marie-Sophie La-
pierre, Marie-Adélaïde Lambert, François-Paul
Boudin, Louis Taffoureau, François-Norbert-Da-
niël Cochet, Eustache-Louis-Joseph Todotte,
Grégoire Nayez, Pierre - Louis - Augustin Fos-
sard, Bon - François Rayebois, Maurice Roy,
Jean-Baptiste Drouet, Remi - Joseph Cordebard,
Robert Lindet...... Vacret, Claude Fiquet, Jo-
seph Bodson......Guilhem, Jacob Reys, Félix
Lepelletier.......... Rossignol......... Monnier...... Chrétien..... Bonde...... Parrein,
et Sébsatien-Louis-Gabriël Jorry ; *ces quinze
derniers contumax.*

AU NOM DU PEUPLE FRANÇAIS, la Haute-
Cour de Justice séante à Vendôme, Dé-
partement de Loir et Cher, a rendu le
Jugement suivant :

Vu par la Haute-Cour de Justice les actes d'accusation dressés tant contre le Représentant Drouet,
par le Conseil des Cinq-Cents que contre ses co-
accusés par les Directeurs de Jury d'accusation

des Cantons de Paris, de Montreuil-sur-Mer, de Cherbourg et de Vendôme, en date des 22 Messidor, 2 et 25 Thermidor, 15 Fructidor, an 4 et 5 Brumaire, an 5.

Les déclarations du Jury d'accusation portant *oui il y a lieu*, mises les 24 Messidor, 2, 15 Thermidor, 18 Fructidor, an 4, et 10 Brumaire, an 5, au bas des actes d'accusation desdits jours 22 Messidor, 2 Thermidor, 15 Fructidor, an 4, et 5 Brumaire, an 5.

Les ordonnances de prise-de-corps rendues tant par le Président de la Haute-Cour de Justice, contre le Représentant du peuple Drouet que contre ses co-accusés par les Directeurs de Jury, ci-dessus dénommés, les 23 Messidor, 2 et 16 Thermidor et 18 Fructidor, an 4, 6 Vendémiaire et 10 Brumaire, an 5.

Les procès-verbaux de signification desdites ordonnances de prise-de-corps, en date des 17 Thermidor, 9, 15, 16 et 22 Fructidor, an 4; 23 Vendémiaire, 4, 11 et 25 Brumaire, an 5.

Expédition des procès-verbaux de la remise en la maison de Justice de la Haute-Cour, des personnes desdits Babeuf, Darthé, Buonarotti, Germain, Moroy, Cazin, Blondeau, Didier, Pillé, Massart, Fion, Morel, Goulard, Lamberté, Laignelot, Ricord, Amar, Vadier, Clerx, Dufour, Antoine Fiquet, Pottofeux, Lambert, Duplay, autre Duplay, Crespin, Vergne, Cordas, Antonellé, Mugnier, Drouin, Pognon femme Martin, Breton, Ansiot, femme dudit Breton, Adbin veuve Monnard, Thierry, Sophie Lapierre, Marie-Adélaïde Lambert, Fion, Boudin, Taffoureau, Cochet, Toulotte, Nayez, Fossard, et Bavebois. Lesdits procès-verbaux en date des 13 et 15 Fructidor an 4, 7, 14 et 15 Vendémiaire, 11 Brumaire et 5 Frimaire, an 5.

La copie certifiée conforme par le Ministre de la guerre, du Jugement rendu par le Conseil-Militaire séant au Temple, le 3.e jour Complémentaire de l'an 4, qui a condamné Joseph Monnard l'un des accusés, à la peine de mort.

Les ordonnances rendues par le Président de la Haute-Cour de Justice, contre ceux des accusés contumax, les 20 Brumaire, 6 et 22 Frimaire, et 29 Nivôse, an 5.

Les procès-verbaux de perquisition des Personnes des accusés contumax, et de publication et affiche tant desdites ordonnances que de celles de prise-de corps, en date des 50 Brumaire, 9, 10, 50 Frimaire, 4, 10, 13 Nivôse, et 10 Pluviôse, an 5.

Vû enfin, la déclaration du Haut-Jury portant sur la première question : a t-il existé en Germinal et Floréal, an 4, une conspiration « tendante « à troubler la République, en armant les Citoyens « les uns contre les autres? » La déclaration du Jury a été que le fait n'était pas constant.

Sur la 1.re question de la 2.e série? « a t-il « existé en Germinal et Floréal de l'an quatre, « une conspiration tendante à troubler la Répu- « blique, en armant les citoyens contre l'exercice « de l'autorité légitime établie par la Constitution « de l'an trois? » La déclaration du Jury a été que le fait n'était pas constant.

Sur la 1.re question de la 3.e série? „ a t-il

,, existé en Germinal et Floréal de l'an quatre,
,, une conspiration tendant à opérer la dissolution
,, du Corps Législatif? ,, La déclaration du Juri
a été que le fait n'était pas constant.

Sur la 1.re question de la 4.e série : ,, Y a t-il
,, eu postérieurement à la Loi du 27 Germinal,
,, an 4, provocation par des discours, au réta-
,, blissement de la Constitution de 1793? ,, La
déclaration du Juri est, oui, le fait est constant.

Sur la 2.e question ? l'accusé Babeuf ,, est-il
,, convaincu d'avoir participé à cette provocation? ,,
La déclaration du Juri est, oui, il y a participé.

Sur la 3.e question : ,, l'a t-il fait dans l'in-
,, tention de provoquer le rétablissement de la
constitution de 1793? ,, La déclaration du Juri
est oui, il l'a fait avec l'intention de provoquer le
rétablissement de la constitution de 1793.

Sur la 4.e question : ,, Y a t-il à son égard des
,, circonstances atténuantes ? ,, La déclaration du
Juri est, oui, il y a, son à égard, des circonstances
atténuantes.

Sur la question : ,, l'accusé Buonarotti est-il
,, convaincu d'avoir pris part à ces provocations? ,,
La déclaration du Juri est, oui, il est convaincu
d'y avoir pris part.

Sur la question : ,, si l'accusé Buonarotti y avait
,, pris part dans l'intention de provoquer le réta-
,, blissement de la constitution de 1783? ,, La
déclaration du Juri est : oui il y a pris part dans
l'intention de provoquer le rétablissement de la
constitution de 1793.

Sur la question : „ Y a t-il, à son égard, des „ circonstances atténuantes? ,, La déclaration du Juri est, oui, il y a, à son égard, des circonstances atténuantes.

Sur la question : „ l'accusé Charles Germain est-„ il convaincu d'avoir participé à cette provoca-„ tion? ,, La déclaration du Juri est, oui, il est convaincu d'avoir pris part à cette provocation.

Sur la question : „ l'accusé Charles Germain y „ a t-il participé dans l'intention de provoquer le „ rétablissement de la constitution de 1793? ,, La déclaration du Juri est, oui, il y a participé dans l'intention de provoquer le rétablissement de la constitution de 1793.

Sur la question : „ Y a t-il à son égard des „ circonstances atténuantes? ,, La déclaration du Juri est, oui, il y a, à son égard des circonstances atténuantes.

Sur la question: „ l'accusé *Augustin-Alexandre* „ *Darthé* est-il convaincu d'avoir participé à ces „ provocations? ,, La déclaration du Juri est, oui, l'accusé *Alexandre Darthé* est convaincu d'y avoir participé.

Sur la question: „ l'accusé *Darthé* y a t-il „ participé dans l'intention de provoquer le réta-„ blissement de la constitution de 1793? ,, La déclaration du Juri est, oui, il y a participé dans cette intention.

Sur la question : „ Y a t-il, à son égard, des „ circonstances atténuantes? ,, La déclaration du Juri est, oui, il y a, à son égard, des circonstances atténuantes.

Sur la question : l'accusé *Jean - Baptiste Didier* ,, est il convaincu d'avoir participé a ces ,, provocations? ,, La déclaration du Juri est, non, il n'est pas constant que l'accusé Didier y ait participé.

Sur la question : l'accusé *Pillé* ,, est-il convaincu ,, d'avoir participé à ces provocations? ,, La déclaration du Juri est, non, il n'est pas constant que l'accusé *Pillé* y ait participé.

Sur la question : l'accusé *Massart* ,, est - il ,, convaincu d'avoir participé à ces provocations? ,, La déclaration du Juri est, non, il n'est pas constant qu'il y ait participé.

Sur la question : l'accusé *Fion* ,, est - il convaincu ,, d'avoir participé à ces provocations? ,, La déclaration du Juri est, non, il n'est pas constant qu'il y ait participé.

Sur la question : l'accusé *Moroy* ,, est - il convaincu d'avoir pris part à ces provocations? ,, La déclaration du Juri est, oui, il est constant qu'il y a participé.

Sur la question : ,, est - il convaincu d'avoir participé à ces provocations, dans l'intention de ,, provoquer le rétablissement de la constitution ,, de 1793? ,, La déclaration du Juri est, oui, il y a participé dans cette intention.

Sur la question : ,, Y a t-il, à son égard, des circonstances atténuantes? ,, La déclaration du Juri est, oui, il y a à son égard, des circonstances atténuantes.

Sur la question : l'accusé *Cazin* ,, est-il convain-
,, cu d'avoir participé à ces provocations ? ,, La
déclaration du Juri est, oui, il est constant qu'il
y a participé.

Sur la question : ,, l'a t-il fait avec intention de
,, provoquer le rétablissement de la constitution de
,, 1793 ? ,, La déclaration du Juri est, oui, il y
a pris part dans cette intention,

Sur la question : ,, Y a t-il, à l'égard de *Cazin*,
,, des circonstances atténuantes. ,, La déclaration
du Juri est, oui, il y a, à son égard, des circonstances atténuantes.

Sur la question : l'accusé *Morel* ,, est-il con-
,, vaincu d'avoir participé à ces provocations ? ,,
La déclaration du Juri est, non, il n'est pas cons
tant qu'il y ait participé.

Sur la question : l'accusé *Goulard* ,, est-il con-
,, vaincu d'y avoir participé ? ,, La déclaration
du Juri est, non, il n'est pas constant qu'il y ait
participé.

Sur la question : l'accusé *Lamberté* ,, est-il
,, convaincu d'y avoir participé? ,, La déclaration
du Juri est, non, il n'est pas constant qu'il y
ait participé.

Sur la question : l'accusé *Laignelot* ,, est-il
,, convaincu d'y avoir pris part. ,, La déclaration
du Juri est, non, il n'est pas constant qu'il y
ait pris part.

Sur la question : l'accusé *Ricord* ,, est-il convaincu
,, d'avoir participé à ces provocations ? ,, la

déclaration

déclaration du Juri est, non, il n'est pas constant qu'il y ait participé.

Sur la question : l'accusé *Amar* ,, est - il con- ,, vaincu d'avoir participé à ces provocations ? ,, La déclaration du Juri est non, il n'est pas constant qu'il y ait participé.

Sur la question : *Vadier* ,, est - il convaincu ,, d'y avoir participé? La déclaration du Juri est, non, il n'est pas convaincu.

Sur la question : l'accusé *Clerx* est - il convaincu? ,, La déclaration du Juri est, non ; il n'est pas convaincu,

Sur la question : l'accusé *Dufour* ,, est - il con- ,, vaincu? ,, La déclaration du Juri est, non, il n'est pas convaincu.

Sur la question : l'accusé *Antoine Fiquet* , ,, est- ,, il convaincu ,, La déclaration du Juri est, non, il n'est pas convaincu.

Sur la question : l'accusé *Philip* ,, est - il con- ,, vaincu? ,, La déclaration du Juri est, non, il n'est pas convaincu.

Sur la question : l'accusé *Pottofeux* : ,, est-il ,. convaincu? ,, La déclaration du Juri est, non, il n'est pas convaincu.

Sur la question : l'accusé *Lambert* ,, est - il convaincu? ,, La déclaration du Juri est, non, il n'est pas convaincu.

Sur la question : l'accusé *Dup'ay*, père, ,, est- ,, il convaincu ? ,, La déclaration du Juri est, non, il n'est pas convaincu.

B

Sur la question : l'accusé *Duplay*, fils , , est-il convaincu ? ,, La déclaration du Juri est, non , il n'est pas convaincu.

Sur la question : l'accusé *Crespin* ,, est-il con- ,, vaincu ? ,, La déclaration du Juri est, non, il n'est pas convaincu.

Sur la question : l'accusé *Vergne* ,, est-il con- ;, vaincu ? ,, La déclaration du Juri est, non, il n'est pas convaincu.

Sur la question : l'accusé *Cordas* ,, est-il con- ,, vaincu d'avoir pris part aux provocations ten- ,, dantes au rétablissement de la Constitution de ,, 1793 ? ,, La déclaration du Juri est, non, il n'est pas constant qu'il y ait pris part.

Sur la question : si l'accusé *Antonelle* y avait pris part ? La déclaration du Juri est, non, il n'est pas convaincu d'y avoir pris part.

Sur la question : si l'accusé *Mugnier* y avait pris part ? La déclaration du Juri est, qu'il n'est pas convaincu d'y avoir pris part.

Sur la question : l'accusé *Drouin* ,, est il con- ,, vaincu d'avoir pris part à la provocation ? ,, La déclaration du Juri est, qu'il n'est pas convaincu d'y avoir pris part.

Sur la question : la femme *Martin* ,, est-elle ,, convaincue d'y avoir participé ? ,, La déclara- tion du Juri est non, elle n'est pas convaincue.

Sur la question : l'accusé *Breton* ,, est-il con- ,, vaincu d'y avoir participé ? La déclaration du Juri est, non, il n'est pas convaincu.

Sur la question : la femme *Breton* ,, est-elle
,, convaincue d'y avoir participé? ,, La déclaration
du Juri est, non, elle n'est pas convaincue.

Sur la question : la veuve *Monnard* ,, est-elle
,, convaincue d'y avoir participé? ,, La déclaration
,, du Juri est, non, elle n'est pas convaincue.

Sur la question : l'accusé *Thierry* ,, est-il con-
,, vaincu? ,, La déclaration du Juri est, non, il
n'est pas convaincu.

Sur la question : *Sophie Lapierre* ,, est-elle
,, convaincue? ,, La déclaration du Juri est,
non, elle n'est pas convaincue.

Sur la question : *Adélaïde Lambert* ,, est-elle
,, convaincue? ,, La déclaration du Juri est, non,
elle n'est pas convaincue.

Sur la question l'accusé *Boudin* ,, est-il con-
,, vaincu d'avoir participé aux provocations ten-
,, dantes au rétablissement de la constitution de
,, 1793? ,, La déclaration du Juri est, non, il
n'est pas convaincu.

Sur la question l'accusé *Taffoureau* ,, est-il
,, convaincu? ,, La déclaration du Juri est, non,
il n'est pas convaincu.

Sur la question : l'accusé *Cochet* ,, est-il con-
,, vaincu? ,, La déclaration du Juri est, non, il
n'est pas convaincu.

Sur la question : l'accusé *Toulotte* ,, est-il con-
,, vaincu? ,, La déclaration du Juri est, non, il
n'est pas convaincu.

,, Sur la question : l'accusé *Nuyez* ,, est-il con-
,, vaincu? ,, La déclaration du Juri est, non, il
n'est pas convaincu.

Sur la question : l'accusé *Fossard* ,, est-il con-
,, vaincu? ,, La déclaration du Juri est, non, il
n'est pas convaincu.

Sur la question : l'accusé *Rayebois* ,, est-il
,, convaincu? ,, La déclaration du Juri est, non,
il n'est pas convaincu.

Sur la question : l'accusé *Cordebard* ,, est-il
,, convaincu d'y avoir pris part? ,, La déclaration
du Juri est, non, il n'est pas convaincu.

Sur la question : *Maurice Roy* ,, est-il convaincu
,, d'y avoir pris part ? ,, La déclaration du Juri
est, non, il n'est pas convaincu.

Sur la question : l'accusé *Blondeau* ,, est-il
,, convaincu d'avoir pris part à ces provocations? ,,
La déclaration du Juri est, oui, il est convaincu.

Sur la question : l'a t-il fait dans l'intention de
provoquer le rétablissement de la constitution de
1795 ? La déclaration du Juri est, oui, il l'a fait
dans cette intention.

Sur la question : Y a t-il des circonstances atténuantes ? la déclaration du Juri est, oui, il y a
à son égard, des circonstances atténuantes.

Sur la question : l'accusé *Drouet* ,, est-il con-
,, vaincu d'avoir pris part à des provocations ten-
,, dantes au rétablissement de la constitution de
,, 1795 ? La déclaration du Juri est, non, il n'est
pas convaincu.

Sur la question : l'accusé *Robert Lindet* „ est „ il convaincu d'y avoir participé? „ La déclaration du Juri est, non, il n'est pas convaincu.

Sur la question : l'accusé *Vacret* „ est - il con „ vaincu? „ La déclaration du Juri est, non, il n'est pas convaincu.

Sur la question : l'accusé *Claude Fiquet* „ est- „ il convaincu? „ La déclaration du Juri est, non, il n'est pas convaincu.

Sur la question : l'accusé *Bodson* „ est - il con- „ vaincu? „ La déclaration du Juri est, non, il n'est pas convaincu.

Sur la question : l'accusé *Bouin* est - il con- „ vaincu? La déclaration du Juri est, non, il n'est pas convaincu.

Sur la question : l'accusé *Menessier* „ est - il „ convaincu? „ La déclaration du Juri est, non, il n'est pas convaincu.

Sur la question : l'accusé *Guilhem* „ est-il con- „ vaincu? „ La déclaration du Juri est, non, il n'est pas convaincu.

Sur la question : l'accusé *Reys* „ est - il con- vaincu? „ La déclaration du Juri est, non, il n'est pas convaincu.

Sur la question : l'accusé *Félix Lepelletier* „ est-il convaincu? la déclaration du Juri est, non, il n'est pas convaincu.

Sur la question : l'accusé *Rossignol* „ est - il „ convaincu? „ La déclaration du Juri est, non, il n'est pas convaincu.

Sur la question : l'accusé *Monnior* „ est il con-
„ vaincu d'avoir participé aux provoc tions t n-
„ dantes au rétablissement de la constitution de
„ 1793 ? „ La déclaration du Juri est, non, il
n'est pas convaincu.

Sur la question : l'accusé *Chrétien* „ est - il
„ convaincu d'avoir participé aux provocations
„ tendantes au rétablissement de la constitution
„ de 1793 ? „ La déclaration du Juri est, non,
il n'est pas convaincu.

Sur la question : l'accusé *Baude* „ est . il con-
„ vaincu d'y avoir participé ? „ La déclaration
du Juri est, non, il n'est pas convaincu.

Sur la question : l'accusé *Parrein* „ est-il con-
„ vaincu ? „ La déclaration du Juri est, qu'il n'est
pas convaincu.

Sur la question : l'accusé *Jorry* „ est - il con-
„ vaincu ? la déclaration du Juri est, non, il
n'est pas convaincu.

PARDEVANT nous CHARLES PAJON, l'un des
Juges de la Haute-Cour, subrogé, à cause de l'indis-
position du cit. COFFINHAL qui a commencé le
présent procès-verbal, il a été procédé à sa conti-
nuation, en présence du cit. VIELLART, l'un
des Accusateurs nationaux, ainsi qu'il suit :

Sur la première question de la cinquième série
„ y a t-il eu postérieurement au vingt-sept ger-
„ minal de l'an quatre, par des écrits imprimés,
„ soit distribués, soit affichés, provocation au

„ rétablissement de la constitution de mil sept
„ cent quatre-vingt treize ?

La déclaration du Juri est, oui, le fait est
constant.

Sur la seconde question : *Gracchus Babeuf* est-
„ il convaincu d'avoir participé à cette provo-
„ cation.

La déclaration du Juri est, oui, il est convaincu
d'y avoir participé.

Sur la troisième question : l'a t-il fait dans l'intention de provoquer le rétablissement de la constitution de mil sept cent quatre-vingt treize?

La déclaration du Juri est qu'il y a participé
dans l'intention de rétablir la constitution de mil
sept cent cent quatre-vingt treize.

Sur la quatrième question : Y a t-il à son égard,
des circonstances atténuantes ?

La déclaration du Juri est, qu'il n'y a point à
son égard, de circonstances atténuantes.

Sur la question : si l'accusé *Buonarotti* est convaincu d'avoir participé à ladite provocation. La déclaration du Juri est, qu'il est convaincu d'y avoir
participé.

Sur celle, l'a t-il fait dans l'intention de provoquer le rétablissement de la constitution de
1793 ? La déclaration du Juri est, oui, il l'a fait
dans l'intention de provoquer le rétablissement de
la constitution de 1793.

Sur la question : s'il y a son égard, des circons-

-tances atténuantes ? La déclaration du Juri est, oui, il y a des circonstances atténuantes.

Sur la question : si l'accusé Charles-Antoine-Guillaume Germain, est convaincu d'avoir participé à cette provocation ? La déclaration du Juri est, oui, il y a participé.

Sur la question de savoir s'il l'a fait dans l'intention de provoquer le rétablissement de la constitution de 1793 ? La déclaration du Juri est, oui, il a eu intention de provoquer le rétablissement de ladite constitution.

Sur la question de savoir, s'il y a à son égard, des circonstances atténuantes ? La déclaration du Juri est, oui, il y a des circonstances atténuantes.

Sur la question de savoir, si *Augustin - Alexandre Darthé* est convaincu d'avoir participé à ladite provocation ? La déclaration du Juri est, oui, il est convaincu d'y avoir participé.

Sur la question l'a t-il fait dans l'intention de provoquer le rétablissement de la constitution de 1793 ? La déelaration du Juri est, oui, il y a participé dans le dessein de provoquer le rétablissement de la constitution de 1793.

Sur la question de savoir s'il y a à son égard, des circonstances atténuantes ? La déclaration du Juri est, non, il n'y a pas de circonstances atténuantes.

Sur la question : si *Jean Baptiste Didier* est convaincu d'avoir participé à ladite provocation ? La déclaration du Juri est, qu'il n'est pas convaincu.

Sur la

Sur la question : si *Charles-Nicolas Pillé* est convaincu d'avoir participé à ladite provocation ? La déclaration du Juri est, qu'il n'y a point participé.

Sur la question : si *Guillaume - Gilles - Anne Mussart* est convaincu d'avoir participé à ladite provocation ? La déclaration du Juri est, qu'il n'y a point participé.

Sur la question si *Jean-Joseph Fion* est convaincu d'avoir participé à ladite provocation ? La déclaration du Juri est, non, il n'y a point participé.

Sur la question : si *Just Moroy* est convaincu d'avoir participé à ladite provocation ? La déclaration du Juri est, oui, il est convaincu d'y avoir participé.

Sur la question : l'a t il fait dans intention de provoquer le rétablissement de la constitution de 1793 ? La déclaration du Juri est, qu'il y a participé dans le dessein de rétablir la constitution de 1793.

Sur la question : s'il y a à son égard, des circonstances atténuantes ? La déclaration du Juri est, oui, y a des circonstances atténuantes.

Sur la question : si *Jean-Baptiste Cazin* est convaincu d'avoir participé à ladite provocation ? La déclaration du Juri est, oui, il est convaincu d'y avoir participé.

Sur celle l'a t-il fait dans l'intention de provoquer le rétablissement de la constitution de 1793 ? La déclaration du Juri est, oui, il l'a fait dans l'intention de provoquer le rétablissement de la constitution de 1793.

C

Sur la question : y a-t-il des circonstances atténuantes? La déclaration du Juri est, oui, il y
a des circonstances atténuantes.

Sur la question : si *Nicolas Morel* est convaincu d'avoir participé à ladite provocation? La
déclaration du Juri est, qu'il n'y a point participé.

Sur la question : si *Jean-Baptiste Goulard* est
convaincu d'avoir participé à ladite provocation? La
déclaration du Juri est, qu'il n'y a point participé.

Sur la question : si *Théodore Lamberté* est
convaincu d'avoir participé à ladite provocation ?
La déclaration du Juri est, qu'il n'y a point participé.

Sur la question : si *Joseph-François Laignelot*
est convaincu d'avoir participé à ladite provocation !
La déclaration du Juri est, qu'il n'y a point participé.

Sur la question : si *Jean François Ricord*, est
est convaincu d'avoir participé à ladite provocation?
La déclaration du Juri est, qu'il n'y a point participé.

Sur la question : si *André Amar* est convaincu
d'avoir participé à ladite provocation? La déclaration Juri est, non, il n'est pas convaincu.

Sur la question : si *Marc-Guillaume-Alexis
Vadier* est convaincu d'avoir participé à ladite
provocation? La déclaration du Juri est, non, il
n'est pas convaincu.

Sur la question : si *Lambert Clerx* est convaincu d'avoir participé à ladite provocation? La déclaration du Juri est, non, il n'est pas convaincu.

Sur la question : si *François Dufour* est convaincu d'avoir participé à ladite provocation? La déclaration du Juri est, non, il n'est pas convaincu.

Sur la question : si *Antoine Fiquet* est convaincu d'avoir participé à ladite provocation? La déclaration du Juri est, non, il n'est pas convaincu.

Sur la question de savoir : si *Pierre Philip* est convaincu d'avoir participé à ladite provocation? La déclaration du Juri est, non, il n'est convaincu.

Sur la question de savoir : si *Policarpe Pottofeux* est convaincu d'avoir participé à ladite provocation? ,, La déclaration du Juri est, non, il n'est pas convaincu.

Sur la question : si *Jean-Pierre Lambert*, est convaincu d'avoir participé à ladite provocation? La déclaration du Juri est, non, il n'est pas convaincu.

Sur la question ? si *Maurice Duplay* père, est convaincu d'avoir participé à ladite provocation ? La déclaration du Juri est, non, il n'est pas convaincu.

Sur la question : si *Jacques-Maurice Duplay* fils, est convaincu d'avoir participé à ladite provocation? La déclaration du Juri est, non, il n'est pas convaincu.

Sur la question: si *Pierre-Joseph Crespin* est convaincu d'avoir pris part à ladite provocation? La déclaration du Juri est, non, il n'est pas convaincu.

Sur la question : si *Pierre-Nicolas Vergne* est convaincu d'avoir participé à ladite provocation ? La déclaration du Juri est, non, il n'est pas convaincu.

Sur la question : si *Jacques Cordas* est convaincu d'avoir participé à ladite provocation ? La déclaration du Juri est, non, il n'est pas convaincu.

Sur la question : si *Pierre Antoine Antonelle* a participé à ladite provocation ? La déclaration du Juri est, non, il n'est pas convaincu.

Sur la question : si *Jean-Antoine Mignier* est convaincu d'avoir participé à ladite provocation ? La déclaration du Juri est, non, il n'est pas convaincu.

Sur la question : si *JeanCharles Drouin*, est convaincu d'avoir participé à ladite provocation ? La déclaration du Juri est, non, il n'est pas convaincu.

Sur la question : si la femme *Martin* est convaincue d'avoir participé à ladite provocation ? La déclaration du Juri est non, elle n'est pas convaincue.

Sur la question : si *Jean-Baptiste Ereton* est convaincu d'avoir participé à ladite provocation ? La déclaration du Juri est, non, il n'est pas convaincu.

Sur la question : si la femme *Breton* est convaincue d'avoir participé à ladite provocation ? La déclaration du Juri est, non, elle n'est pas convaincue.

Sur la question : si la veuve *Monnard* est convaincue d'avoir participé à ladite provocation? La déclaration du Juri est, non, elle n'est pas convaincue.

Sur la question : si *François Thierry* est convaincu d'avoir participé à ladite provocation? La déclaration du Juri est, non, il n'est pas convaincu.

Sur la question : si *Marie - Sophie Lapierre* est convaincue d'avoir participé à ladite provocation ? La déclaration du Juri est, non, elle n'est pas convaincue.

Sur la question : si *Marie-Adélaïde Lambert* est convaincue d'avoir participé à ladite provocation? La déclaration du Juri est, non, elle n'est pas convaincue.

Sur la question : si *François - Paul Boudin* est convaincu d'avoir participé à ladite provocation? La déclaration du Juri est, non, il n'est pas convaincu.

Sur la question : si *Louis Taffoureau* est convaincu d'avoir participé à ladite provocation? La déclaration du Juri est, non, il n'est pas convaincu.

Sur la question : si *François-Norbert-Daniel Cochet* est convaincu d'avoir participé à ladite provocation? La déclaration du Juri est, non, il n'est pas convaincu.

Sur la question : si *Eustache - Louis - Joseph Toulotte* est convaincu d'avoir participé à ladite provocation? La déclaration du Juri est, non, il n'est pas convaincu.

Sur la question : si *Grégoire Nayez* est convaincu d'avoir participé à ladite provocation? La déclaration du Juri est, non, il n'est pas convaincu.

Sur la question : si *Pierre - Louis - Augustin Fossard* est convaincu d'avoir participé à ladite provocation ? La déclaration du Juri est, non, il n'est pas convaincu.

Sur la question : si *Jean - François Rayebois* est convaincu d'avoir participé à ladite provocation ? La déclaration du Juri est, non, il n'est pas convaincu.

Sur la question : si *Rémi - Joseph Cordebard* est convaincu d'avoir participé à ladite provocation? La déclaration du Juri est, non, il n'est pas convaincu.

Sur la question : si *Maurice Roy* est convaincu d'avoir participé à ladite provocation ? La déclaration du Juri est, non, il n'est pas convaincu.

Sur la question : si *Louis-Jacques Blondeau* est convaincu d'avoir participé à ladite provocation? La déclaration du Juri est, non, il n'est pas convaincu.

Sur la question : si *Jean - Baptiste Drouet* est convaincu d'avoir participé à ladite provocation ? La déclaration du Juri est, non, il n'est pas convaincu.

Sur la question : si *Robert Lindet* est convaincu d'avoir participé à ladite provocation? La déclaration du Juri est, non, il n'est pas convaincu.

Sur la question : si *Vacret* est convaincu d'avoir participé à ladite provocation? La déclaration du Juri est, non, il n'est pas convaincu.

Sur la question : si ***Claude Fiquet*** est conv

vaincu? d'avoir participé à ladite provocation? La déclaration du Juri est, non, n'est pas convaincu.

Sur la question : si *Joseph Bodson* est convaincu d'avoir participé à ladite provocation ? La déclaration du Juri est, non, il n'est pas convaincu.

Sur la question : si *Bouin* est convaincu d'avoir participé à ladite provocation? La déclaration du Juri est, oui, il a participé à ladite provocation.

Sur la question s'il l'a fait dans l'intention de provoquer le rétablissement de la constitution de 1793? La déclaration du Juri est, oui, il l'a fait dans l'intention de rétablir la constitution de 1793.

Sur la question : s'il y a des circonstances atténuantes? La déclaration du Juri est, oui, il y a en sa faveur, des circonstances atténuantes.

Sur la question : si *Menessier* est convaincu d'avoir participé à ladite provocation? La déclaration du Juri est; oui, il est convaincu.

Sur celle, s'il l'a fait dans le dessein de provoquer le rétablissement de la constitution de 1793 ? La déclaration du Juri est, oui, il l'a fait dans l'intention de rétablir la constitution de 1793.

Sur la question s'il y a en sa faveur, des circonstances atténuantes? La déclaration du Juri est, oui, il y a des circonstances atténuantes.

Sur la question : si *Guilhem* est convaincu d'avoir participé à ladite provocation? La déclaration du Juri est, non, il n'est pas convaincu.

Sur la question : si *Jacob Reys*, est convaincu d'avoir participé à ladite provocation? La déclaration du Juri est, non, il n'est pas convaincu.

Sur la question : si *Félix Lepelletier* est convaincu d'avoir participé à ladite provocation? La déclaration du Juri est, non, il n'est pas convaincu.

Sur la question : si *Rossignol* est convaincu d'avoir participé à ladite provocation? La déclaration du Juri est, non, il n'est pas convaincu.

Sur la question : si *Monnier* est convaincu d'avoir participé à ladite provocation? La déclaration du Juri est, non, il n'est pas convaincu.

Sur la question : si *Chrétien* est convaincu d'avoir participé à ladite provocation? La déclaration du Juri est, non, il n'est pas convaincu.

Sur la question : si *Baude* est convaincu d'avoir participé à ladite provocation? La déclaration du Juri est, non, il n'est pas convaincu.

Sur la question : si *Parrein* est convaincu d'avoir participé à ladite provocation? La déclaration du Juri est, non, il n'est pas convaincu.

Sur la question : si *Sébastien-Louis-Gabriel Jorry* est convaincu d'avoir participé à ladite provocation? La déclaration du Juri est, non, il n'est pas convaincu.

Signé REY-PAILHADE, chef du Haut-Juri. GANDON, Président; et J. B. JALBERT, Greffier.

Nous Yves-Nicolas-Marie GANDON, Président de la Haute-Cour, DÉCLARONS en conséquence de la déclaration du Haut-Juri, ci-devant transcrite, que Jean Baptiste Didier, Charles-Nicolas Pillé, Guillaume-Gilles-Anne Massart, Joseph Fion, Nicolas Morel, Jean-Baptiste Goulart, Théodore Lamberté, Joseph-François Laignelot, Jean-François Ricord, André Amar, Marc Guillaume-Alexis Vadier, Lambert Clerx, François Dufour, Antoine Fiquet, Pierre Philip, Policarpe Pottofeux, Jean-Pierre Lambert, Maurice Duplay, père, Jacques-Maurice Duplay, fils, Pierre-Joseph Crespin, Pierre-Nicolas Vergne, Jacques Cordas, Pierre-Antoine Antonelle, Jean-Antoine Mugnier, Jean-Charles Drouin, femme Martin, Jean-Baptiste Breton, femme Breton, veuve Monnard, François Thierry, Marie-Sophie Lapierre, Marie-Adélaïde Lambert, François-Paul Boudin, Louis Taffoureau, François-Norbert-Daniël Cochet, Eustache-Louis-Joseph Toulotte, Grégoire Nayez, Pierre-Louis-Augustin Fossard, Bon-François Rayebois, Remi-Joseph Cordebard, Maurice Roy, Jean-Baptiste Drouet, Robert Lindet, Vacret, Claude Fiquet, Joseph Bodson, Guilhem, Jacob Reys, Félix Lepelletier, Rossignol, Monnier, Chrétien, Baude, Parrein, et Sébsatien-Louis-Gabriël Jorry, sont acquittés de l'accusation admise contre eux. Nous ordonnons qu'ils soient mis, sur-le-champ, en liberté, s'ils ne sont détenus pour autre cause, et leur donnons main-levée des scellés qui ont pu être apposés chez eux, à raison de l'affaire qui a donné lieu à l'accusation. *Signé* GANDON et J. B. JALBERT, *Greffier.*

LA HAUTE-COUR DE JUSTICE, après avoir entendu

le citoyen *Viellart* pour les Accusateurs Nationaux, les accusés *Buonarotti* et *Germain*; et *Réal*, défenseur officieux : et après avoir délibéré en la Chambre du Conseil, et repris sa séance publique, a prononcé en ces termes.

La Loi du vingt-sept germinal, an quatre, porte; article premier : „ sont coupables de crime contre
„ la sûreté intérieure de la République et contre
„ la sûreté individuelle des citoyens, et seront
„ punis de la peine de mort, conformément à
„ l'article 612 du code des délits et des peines
„ tous ceux qui, par leurs discours ou par leurs
„ écrits imprimés, soit distribués, soit affichés,
„ provoquent la dissolution de la Représentation
„ Nationale ou celle du Directoire Exécutif, ou
„ le meurtre de tous ou aucun des membres qui
„ les composent, ou le rétablissement de la royauté,
„ ou celui de la constitution de 1793, ou celui
„ de 1791, ou de tout gouvernement autre, que
„ celui établi par la Constitution de l'an trois,
„ acceptée par le Peuple français, ou l'invasion
„ des propriétés publiques ou le pillage et le par-
„ tage des propriétés particulières, sous le nom de
„ loi agraire, ou de toute autre manière.

„ La peine de mort mentionnée au présent ar-
„ ticle, sera commuée en celle de la déportation,
„ si le Juri déclare qu'il y a dans le délit, des cir-
„ constances atténuantes. „

En conséquence conformément audit article; condamne *Gracchus Babeuf* et *Augustin - Alexandre Darthé* à la peine de mort; et *Philippe Buonarotti, Charles - Antoine - Guillaume Ger-*

main, *Just Moroy*, *Jean - Baptiste Cazin*,
Louis Jacques Blondeau, *Bouin* et *Menesssier*
à la peine de la déportation.

Et considérant que les citoyens Paris, Ganier,
Deray, et Lefranc sont par les pièces du procès,
prévenus de complicité dans les délits sur lesquels
la Haute - Cour vient de prononcer, les renvoye
devant un des Directeurs du Juri du Canton de
Paris.

Et attendu qu'Amar et Cochet restent sous l'accusation admise contre eux par le Juri d'accusation du Canton de Paris, comme prévenus de con-
travention à la Loi du vingt-un floréal, an quatre,
les renvoye devant le Tribunal Criminel du Département de la Seine.

Et vu, qu'il existe contre Vadier un décret de
de la convention qui ordonne qu'il sera déporté.

La Haute-Cour ordonne qu'il continuera d'être
détenu.

Attendu enfin que le présent Jugement ne per-
met plus à la Haute-Cour de faire aucune ins-
truction, renvoye Alban et Gay, Magnier dit Brutus
Joseph Coline, Jean-Marie Grégoire Gaultier, et
Jean-Pierre Feux, mis en accusation pour complicité dans les délits dont est question; savoir : les
deux premiers devant le Tribunal Criminel du Département de l'Ain, et les quatre derniers devant
le Tribunal Criminel du Département de la Cha-
rente inférieure.

... ... prononcé à Vendôme, Département de Loir et Cher. à la séance publique de la Haute-Cour de Justice, le sept Prairial, an cinquième de la République française, une et indivisible, neuf heures du matin. A laquelle audience étaient présens les citoyens YVES-MARIE-NICOLAS GANDON Président ; CHARLES PAJON, JOSEPH COFFINHAL, ÉTIENNE-VINCENT MOREAU, et BRUNO-PHILIBERT AUDIER MASSILLON, Juges de la Haute Cour de Justice, qui ont signé la minute du présent Jugement.

AU NOM DU PEUPLE FRANÇAIS, il est ordonné à tous Huissiers, sur ce requis, de faire mettre le présent Jugement à exécution, aux Commandans de la force publique de prêter main-forte lorsqu'ils en seront légalement requis, et aux Commissaires du Directoire Exécutif d'y tenir la main, en foi de quoi le présent Jugement a été signé et scellé conformément à la Loi.

Pour extrait conforme.

Signé JALBERT, Greffier.